JESUS AUS NAZARETH

EIN SACHBILDERBUCH

VON DIETRICH STEINWEDE

ZEICHNUNGEN VON RENÉ VILLIGER

VERLAG ERNST KAUFMANN · LAHR
PATMOS-VERLAG · DÜSSELDORF

Von Jesus hat jeder schon einmal gehört.
Was wissen wir über ihn?

Die Bibel sagt:
Er kommt von Gott.
Er hat Wunder getan.

Er ist für uns gestorben.
Gott hat ihn auferweckt.
Er ist lebendig bei uns.

Die Bibel sagt aber auch:
Jesus war ein Mensch.
Er ist geboren wie ein Mensch.
Er hat gelebt wie ein Mensch.
Er ist gestorben wie ein Mensch,
allerdings einen schrecklichen Tod, den Tod am Kreuz.

Wir wissen:
Was Jesus gesagt hat, was er getan hat,
das ist ausgegangen über die ganze Erde.
Davon haben seine Freunde erzählt und gepredigt.
Das hat eine große Wirkung gehabt bis heute.

Die Christen heute sagen:
Wir denken oft an Jesus. Wir hören auf ihn. Wir reden von ihm.
Wir richten uns nach ihm. Er ist unser Herr.
Er ist immer bei uns.
Er spricht zu uns in seinem Wort.
Er hört uns, wenn wir zu ihm beten.
Er nimmt uns an als seine Kinder.

Vieles von dem, was in diesem Buch erzählt wird, steht in der Bibel.
Anderes haben kluge Männer,
die viel über Jesus und seine Zeit nachgedacht haben, herausgefunden.
Sie haben gesagt: So könnte es gewesen sein.
Vieles wissen sie genau:

Jesus war ein Jude.
Er lebte im Land der Juden,
in Palästina am Mittelmeer.
Heute heißt das Land Israel.

Palästina hatte drei Landesteile:
Das Gebiet im Norden um den See Genezareth, genannt Galiläa,
das Bergland in der Mitte, genannt Samaria,
und das Bergland im Süden, genannt Judäa.

Jerusalem in Judäa ist die Hauptstadt aller Juden,
die Hauptstadt des ganzen Volkes Israel.

Der Fluß von Palästina ist der Jordan.
Er kommt aus den Bergen im Norden,
fließt durch den See Genezareth,
dann weiter nach Süden
bis in den großen salzigen See mitten in der Wüste,
genannt das Tote Meer.

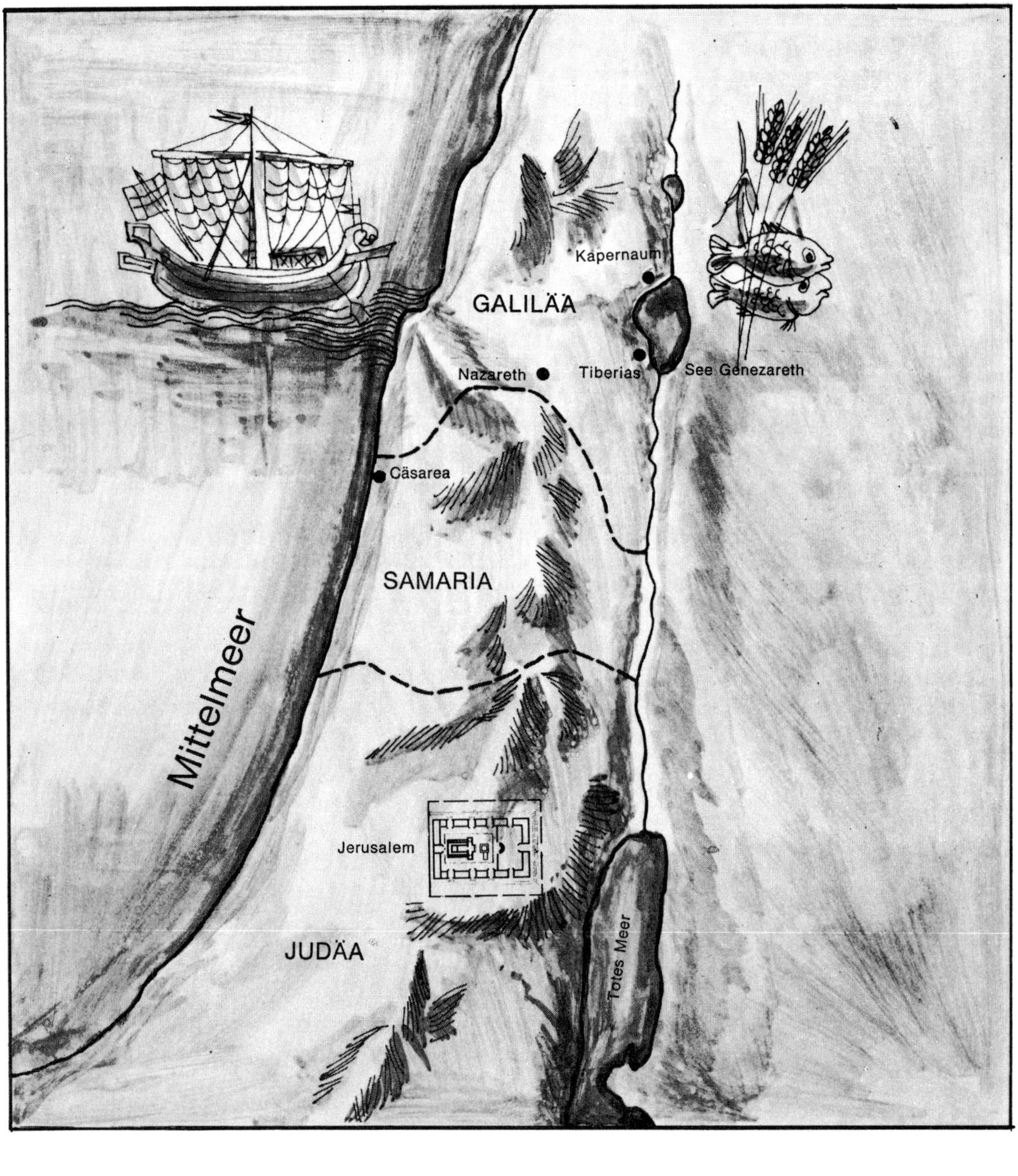
Kapernaum
GALILÄA
Nazareth
Tiberias
See Genezareth
Cäsarea
SAMARIA
Mittelmeer
Jerusalem
JUDÄA
Totes Meer

So ist es zur Zeit Jesu:
Palästina ist kein freies Land.
Die Römer haben Palästina erobert und besetzt.
Sie haben die Macht in Palästina.
Ihre Soldaten sind in der Stadt Caesarea am Mittelmeer
und in Jerusalem.

Zur gleichen Zeit sind die Römer auch am Rhein in Deutschland,
in Köln und Bonn und Mainz.
Sie sind an der Mosel in Trier, an der Donau in Regensburg.
Sie haben auch Frankreich erobert und Spanien und Nordafrika.
Ihr Reich ist ein Weltreich.
Rom ist ihre Hauptstadt und Tiberius ihr Kaiser.

So ist es zur Zeit Jesu:
Die Römer haben Landesfürsten eingesetzt in Palästina.
Einer von ihnen ist Herodes Antipas,
der Landesfürst von Galiläa.
Herodes Antipas gehorcht Kaiser Tiberius.
Er verehrt den Kaiser.
Er hat am See Genezareth eine prächtige Stadt gebaut.
Sie heißt Tiberias.
Hier hat Herodes Antipas einen Palast.

So ist es zur Zeit Jesu:
Viele Juden kämpfen gegen die Römer,
heimlich, als Partisanen, besonders in den Bergen von Galiläa.
Man nennt sie Zeloten.
Sie wollen die Römer aus Palästina vertreiben.
Sie wollen selbst wieder die Macht haben in ihrem Land.
Aber sie können die Römer nicht besiegen.

So ist es zur Zeit Jesu:
In Galiläa wohnen Juden.
In Judäa wohnen Juden.
In Samaria aber wohnen Menschen,
die den Juden fremd sind,
die Samaritaner.

Die Juden gehen nicht nach Samaria.
Wenn sie von Judäa nach Galiäa wollen oder umgekehrt,
machen sie einen Umweg durch das Land östlich des Jordans.
Sie wollen mit den Samaritanern nichts zu tun haben.
„Die beten nicht in unserem Tempel,
in Gottes Tempel in Jerusalem",
sagen sie,
„Gott mag die Samaritaner nicht.
Man muß sie verachten."

Aber die Juden verachten sich auch untereinander.
Die aus Judäa, aus der Hauptstadt Jerusalem,
halten nicht viel von denen aus Galiläa.
Sie sagen: „Die aus Galiläa, die sind ja vom Lande.
Was kann aus Galiläa schon Gutes kommen."

Jesus kommt aus Galiläa.

Zwischen den Bergen von Galiläa liegt der See Genezareth.
Viele Fische gibt es darin.
Jede Nacht fahren die Fischer hinaus, um ihre Netze auszuwerfen.
Die Fischer wohnen in den Dörfern am See,
in Magdala, in Bethsaida, in Kapernaum.
Manchmal gibt es einen Sturm auf dem See, ganz plötzlich,
von einer Minute zur anderen.

Rings um den See ist fruchtbares Land:
Kornfelder, Wiesen,
Nußbäume, Feigenbäume, Olivenbäume.
Es ist wie ein großer Garten.

Jesus wohnt in Nazareth.
Das Dorf liegt an einem Berghang.
Hier ist der Boden nicht so fruchtbar.
Aber man schaut weit ins Land:
Berge nach allen Seiten.
Man schaut hinunter in die Ebene. Sie heißt Jesreel.
Eine Straße läuft dort unten, eine Handelsstraße.
Sie kommt aus Ägypten im Süden
und führt nach Damaskus im Norden.
Händler ziehen dort, Karawanen,
Kamele, Maultiere, Esel, beladen mit kostbaren Gütern,
mit Seide und Teppichen, mit Gewürzen, Myrrhe und Balsam.

Wie alle anderen Juden müssen auch die Leute aus Nazareth
Steuern zahlen, harte Steuern an die Römer
und jedes Jahr die Tempelsteuer für den Tempel in Jerusalem.

Die Leute von Nazareth sind arm.
Bauern pflügen und säen auf kleinen, steinigen Feldern.
Sie schneiden das Korn mit der Sichel.
Von silbriggrünen Bäumen ernten sie Olivenfrüchte.
Sie pressen Öl daraus.

Hirten treiben Ziegen und Schafe über die trockenen Berghänge.
Manchmal verläuft sich ein Tier.
Dann muß der Hirte es lange suchen.

Josef aus Nazareth ist Handwerker, Zimmermann.
Er bearbeitet das Holz aus den Wäldern um Nazareth.
Er sägt Balken und Bretter daraus.
Er hat eine Zimmermannswerkstatt.

Viele andere Handwerker gibt es in Nazareth, Töpfer und Weber,
Schneider und Färber, Schmiede und Maurer,
Korbflechter und Sandalenmacher.

Josef ist mit Maria verheiratet.
Maria ist die Mutter von Jesus.
Jesus ist ein Kind wie andere Kinder auch.
Er hat laufen und sprechen gelernt.
Er spielt mit den Kindern aus Nazareth in den Straßen
oder auf dem Markt.

Das Haus ist nicht groß.
Es hat einen Raum für die Tiere.
Dann ist da die Werkstatt von Josef
und ein großer Raum für die Familie.
Nachts schläft Jesus auf einer Schlafmatte am Boden,
wie alle aus der Familie.

Auch beim Essen sitzen alle am Boden
rings um den niedrigen Tisch.
Es gibt Brotfladen, flach und hart gebacken.
Man kann Stück um Stück davon abbrechen.
Sie essen Oliven dazu, auch Gemüse und Obst.
Sie trinken Ziegenmilch oder Wein
oder auch Wasser, das Maria vom Brunnen geholt hat.

Oft essen sie Fische.
Wenn es Fleisch gibt, dann vom Schaf.
Schweinefleisch darf man nicht essen.
Das ist verboten im Gesetz.
Zusammen essen, das bedeutet viel für die Juden.

Wenn am Freitagabend die Sonne untergegangen ist,
beginnt der Sabbat, der Sonntag der Juden,
der Tag Gottes.

Am nächsten Tag ist Gottesdienst.
Viele gehen in das Gemeindehaus von Nazareth,
in die Synagoge.

Fromme Männer sind da, die Pharisäer.
Sie achten auf das Gesetz.
Viele von ihnen sind sehr streng.
Beim Gebet tragen sie ein Kästchen an die Stirn gebunden,
ein anderes mit langem Riemen am linken Arm.
Darin sind Pergamentstreifen
mit Worten des Gesetzes.

Vorn in der Synagoge steht das Lesepult,
der Leuchter mit den sieben Armen
und das Wichtigste, der Kasten mit den Schriftrollen.
Eine Schriftrolle ist aus vielen Blättern Papier zusammengeklebt,
eng beschrieben und aufgerollt.

Alle Schriftrollen zusammen, das ist die Bibel der Juden.
Die fünf Bücher Mose gehören dazu.
Sie heißen bei den Juden Thora: Gesetz.

Der Gottesdienst hat begonnen.
Zu Beginn spricht der Leiter der Gemeinde uralte Worte:
Hört, ihr alle aus Israel:
Unser Gott ist der einzige Gott.
Er ist der Herr, keiner sonst.
Ihr sollt ihn liebhaben, unseren Gott,
von ganzem Herzen, von ganzer Seele
und mit aller eurer Kraft.

Dann beten sie zusammen, ein großes, langes Gebet,
das Achtzehnbittengebet.
Dann spricht der Leiter der Gemeinde den Segen:
Der Herr segne dich. Der Herr schütze dich.
Der Herr sei immer mit dir.

Der Diener der Synagoge geht zu dem Kasten.
Er nimmt die Thorarolle heraus. Er bringt sie zum Lesepult.
Einer aus der Gemeinde ist herangetreten. Er öffnet die Rolle.
Er ist für diesen Tag zum Lesen ausgesucht.
Er liest den Abschnitt, der für diesen Tag vorgeschrieben ist.

Dann bringt der Diener eine andere Rolle, eine Prophetenrolle.
Wieder wird vorgelesen.
Diesen Abschnitt kann man sich selbst aussuchen.
Über diesen Abschnitt wird dann gepredigt.

So ist es immer, wenn die Juden Gottesdienst feiern in der Synagoge.
Jedesmal wird etwas anderes vorgelesen aus den alten Schriften.
Jedesmal wird es erklärt.

Alltags ist Schule in der Synagoge.
Die Kinder aus Nazareth lernen bei dem Rabbi,
dem Lehrer der alten Schriften.
Sie lernen die uralten Geschichten des Volkes,
die Geschichten von Mose, von Abraham, von Isaak und Jakob.
Sie lernen aus den 613 Geboten ihres Volkes,
aus den Geboten der Thora, aus dem Gesetz:
Etwa: Du darfst am Sabbat kein Feuer anzünden!
Oder: Du darfst kein Fleisch von Schweinen essen!

Sie lernen auch das wichtigste Gebot aus dem Gesetz:
Du sollst Gott liebhaben
und zu den anderen Menschen sollst du freundlich sein.

Stück für Stück lernen sie.
Mit gekreuzten Beinen sitzen sie am Boden.
Laut spricht der Rabbi vor.
Laut sprechen die Kinder es nach.

Auch Jesus lernt das Gesetz.
Er lernt es zusammen mit den anderen Kindern aus Nazareth.
Der Rabbi sagt:
Was ihr lernt,
das sollt ihr euch immer wieder vorsprechen,
wenn ihr zuhause seid, wenn ihr unterwegs seid,
wenn ihr euch hinlegt, wenn ihr aufsteht.

Jesus lernt auch, in den Schriftrollen zu lesen.
Sie sind in hebräischer Schrift geschrieben.
Man liest von rechts nach links, wie es aufgeschrieben ist.
Nicht alle können hebräisch lesen.
Nicht alle können hebräisch schreiben.
Es ist sehr schwierig.

שמע ישראל יהוה אלהינו יהוה אחד׃

Zuhause spricht Jesus aramäisch,
wie alle Juden in Palästina und in den Nachbarländern.

Auf hebräisch lautet der Name Jesus „Jeschua“.
Und so wurde dieser Name geschrieben:

Der Tempel zur Zeit Jesu (Modell)

Die Juden haben große Feste.
Eines davon ist das Passafest.
Sie feiern es in Jerusalem, im Tempel, ihrem größten Heiligtum.
Tausende kommen in die Stadt aus allen Ländern der Erde,
auch aus Galiläa, auch aus Nazareth.
Jeder bringt ein Lamm. Oder er kauft es im Vorhof der Tempels.
Er bringt es zum Opfer.
Denn im Tempel werden Tiere geopfert.

Alle denken daran, wie es damals war
in den uralten Zeiten ihres Volkes:
Gott hatte das Volk befreit von der Herrschaft der Ägypter.
Sie waren aus Ägypten ausgezogen.
Gott hatte Ägypten gestraft.
Und in der Nacht vor dem Auszug hatten sie Lämmer geschlachtet
und Brot gegessen, das noch nicht gesäuert war.

Daran denken sie, wenn sie das Passafest feiern.
Sie erzählen davon.
Und sie schlachten Lämmer – wie damals.
Sie essen Brot, das ohne Sauerteig gebacken ist – wie damals.

Jesus ist zwölf Jahre alt.
Zum erstenmal darf er mit zum Passafest.
Er gehört jetzt zur Gemeinde.
Er kommt mit den Pilgern aus Nazareth.
Zum erstenmal sieht er den Tempel Gottes,
hoch über der Stadt Jerusalem,
die riesigen Mauern
und mitten darin das Tempelhaus, weiß und golden und strahlend.

Jesus kommt in den riesigen Vorhof des Tempels.
Unzählbar viele Menschen sind hier aus allen Ländern der Welt.
An allen Seiten große Säulenhallen.
Jesus geht durch ein Tor.
Er kommt in den Frauenvorhof.
Wieder geht er durch ein Tor.
Er kommt in den Männervorhof.
Seine Mutter ist zurückgeblieben.
Jesus sieht den Brandopferaltar vor dem Eingang zum Tempelhaus.
Überall Priester – und dann die vielen jüdischen Männer
in langen Reihen, jeder mit seinem Lamm für das Opfer.

Jesus sieht, wie die Tiere getötet werden
rasch und schmerzlos.
Die Tiere werden zerteilt. Einige Teile werden verbrannt.
Jesus sieht den Rauch aufsteigen am Brandopferaltar.
Er hört die Tempelmusik, die Silbertrompeten.
Am Abend essen sie das Passahmahl in der Stadt.
Sieben Tage dauert das Fest.

Danach zieht jeder wieder zurück
in sein Land, in seine Stadt.
Zum Abschied sagen sie alle:
„Nächstes Jahr in Jerusalem!“

Vier Darstellungen Jesu aus einem Zeitraum von 1400 Jahren
(Ravenna, Romanik, Rembrandt, Rouault)

Viele Jahre vergehen.
Jesus ist ein Mann geworden.

Wie sieht Jesus aus?
Wie andere Galiläer in seiner Zeit, dunkle Augen, dunkle Haare.

Die Galiläer in der Zeit Jesu tragen einen Bart,
die Haare mit feinem Öl gesalbt.
Sie tragen das Hemdkleid mit einem Gürtel aus Leinen
und ein großes Tuch als Obergewand darübergeworfen.
An den Füßen tragen sie Riemensandalen
und auf dem Kopf ein weißes Tuch, das hinten herabhängt.

Niemand weiß, wie Jesus wirklich ausgesehen hat.
Später wurden immer wieder Bilder von ihm gemalt.
Jeder Maler malte ihn anders,
je nachdem, wie er es sich vorstellte,
je nachdem, in welcher Zeit er lebte,
je nachdem, in welchem Land er lebte.

Viele Maler gaben Jesus einen Heiligenschein.
Auch viele Kinder malen ihn so.
Sie wollen damit zeigen:
Für uns ist Jesus etwas Besonderes.

Aber Jesus hatte keinen Heiligenschein.
Er sah aus wie andere Menschen.

So ist es in der Zeit Jesu:
Viele Menschen warten auf den Messias.
Sie sagen: Er wird ein großer Heerführer sein,
der uns von den Römern befreit.
Andere sagen: Nein, er wird ein Mann des Friedens sein,
der allen Völkern Frieden bringt,
auch den Römern.

Viele Menschen denken: Bald kommt das Ende,
das Gericht, Gottes Gericht.
Es dauert nicht mehr lange.

Einer predigt von diesem Gericht.
Es ist Johannes.
Er ist aus der Wüste gekommen. Er predigt am Jordan.
Die Menschen laufen ihm zu.

Johannes ruft:
Kehrt um zu Gott.
Bessert euch! Laßt euch taufen!
Laßt euch reinwaschen von allem Schlechten!
Sonst kommt ihr ins Gericht!
Die Menschen hören auf ihn.
Viele lassen sich taufen.
Sie lassen sich reinwaschen, viele aus Judäa.

Auch Jesus kommt.
Er kommt aus Galiläa.
Er kommt zu Johannes.
Er sagt: Taufe mich!
Es geschieht.
Johannes tauft ihn.
Er taucht Jesus unter im Wasser des Jordans.

Es ist in Galiläa:
Jesus redet zu den Menschen.
Immer wieder hat er in den Schriftrollen gelesen.
Immer wieder hat er nachgedacht
über all das von Gott.

Jetzt geht er unter die Leute.
Hört mich an:
Ein Hirte hat 100 Schafe.
Eins hat sich verlaufen.
Es findet nicht zurück.
Da läßt der Hirte die 99 anderen
zwischen den Steinwällen zurück
und sucht das eine,
bis er es findet.
Er bringt es zu den anderen zurück.
Er freut sich, daß er es wiederhat.

So ist das mit Gott, sagt Jesus.
Gott sucht jeden, der verloren ist,
bis er ihn findet.

Die Menschen horchen auf.

Es ist in Galiläa:
Jesus ruft Menschen zu sich,
ganz einfache Menschen,
Fischer vom See Genezareth:
Kommt mit! ruft er: Ich sage euch etwas von Gott,
das ist wichtiger als alles andere.

Die Fischer gehen mit,
Petrus und Andreas, Johannes und Jakobus.
Sie lassen alles zurück, ihre Netze, ihre Boote,
ihr Haus, ihre Familie.
Sie gehen mit Jesus.
Sie wollen seine Freunde sein.
Sie wollen etwas hören von Gott.

Es gehört schon etwas dazu, wegzugehen
und seine Familie alleinzulassen.

Jesus sagt:
Macht euch keine Sorgen.

Es ist in Galiläa:
Jesus ruft:
Hört! Hört mich!
Gott ist zu euch gekommen!
Gott ist bei euch!
Gott ist euer König!
Hört auf Gott!

Es ist in Galiläa:
Jesus ruft Levi, den Zolleinnehmer.
Der arbeitet mit den Römern zusammen, mit den Feinden.
Der sitzt an der Straße. Der nimmt mehr Zoll als recht ist.
Levi ist ein Dieb, ein verachteter Straßenzöllner.
Die Leute hassen ihn.

Jesus ruft Levi:
Du da, komm mit. Ich will dir helfen.
Gehe mit mir. Ich brauche dich.

Und Levi kommt. Er geht mit Jesus.
Sie gehen in das Haus von Levi.
Jesus sitzt mit Levi an einem Tisch. Er ißt mit dem Dieb.

Das sehen die Pharisäer. Sie schreien los:
Mit einem Dieb! Mit einem Römerfreund! Er ißt mit einem Dieb!
Ist er denn verrückt geworden?

Jesus sieht sie an: Levi braucht mich!
Ich komme zu allen, die mich brauchen.

Die Pharisäer können das nicht verstehen. Sie denken:
Wir gehören doch zu Gott.
Wir halten das Gesetz.
Wir machen doch alles richtig.

Jesus sagt:
Die ihr verachtet, um die kümmert sich Gott.
Gott will ihr Freund sein.

Es ist in Galiläa:
Frauen und Kinder kommen zu Jesus.
Sie gelten nicht viel.
Was ist schon eine Frau? Was ist schon ein Kind!

Jesus ist freundlich zu den Frauen, freundlich zu den Kindern.
Er sagt: An den Kindern könnt ihr sehen,
wie Gott euch haben will.
Kinder sind Menschen, die sich etwas schenken lassen können.

Und Jesus sagt zu den Menschen, die immer wieder zusammenlaufen:
Gott will, daß ihr seine Kinder seid.
Ihr sollt „Vater" sagen zu Gott,
zu Gott, von dem ihr denkt, er ist der Richter.
Ihr könnt Vertrauen haben zu Gott.

Überall redet Jesus so.
Immer ist er unterwegs. Er geht von einem Ort zum anderen.
Heute ist er in den Bergen, morgen am See,
heute in Nazareth, morgen in Kapernaum.
Seine Freunde gehen mit ihm.
Immer wieder essen sie zusammen.

Überall predigt Jesus von Gott:
Das Reich Gottes ist bei den Armen, bei denen, die hungern,
bei denen, die krank sind, bei denen, die weinen,
bei denen, die verfolgt und unterdrückt werden!

Die Menschen horchen auf:
Er sagt das wie einer, der Macht hat.
Sie wollen immer mehr hören.
Sie laufen Jesus nach auf den Straßen und in den Synagogen.

Es ist in Galiläa:
Die Menschen bringen Kranke zu Jesus.
Sie denken: Krankheit ist eine Strafe Gottes.
Jesus sagt: So ist es nicht.
Gott liebt diese Kranken.
Damit ihr es glaubt, will ich es zeigen:

Und Jesus heilt die Kranken.
Er sagt: Das ist ein Zeichen.
Gott will euch helfen.

Jesus geht in die Häuser, wo Kranke liegen.
Er legt ihnen seine Hand auf.
Sie werden gesund.
Kräfte gehen aus von ihm.
Er kann Kranke heilen.
Aber das können andere auch.

Die Menschen bringen Geisteskranke zu Jesus.
Sie denken: Ein böser Geist steckt in ihnen.
Der muß heraus.

Jesus heilt diese Kranken.
Er sagt: Das ist ein Zeichen.
Gott will euch helfen.

Und Jesus erzählt: Hört zu:
Ein Bauer geht auf sein Feld.
Beim Säen geschieht es:
Einige Körner fallen auf den Weg. Vögel picken sie auf.
Einige Körner fallen auf steinigen Boden.
Wenig Erde ist da. Die Saat keimt. Die Saat geht auf.
Dann vertrocknet sie in der Glut der Sonne.
Einige Körner fallen ins Dorngestrüpp.
Die Saat keimt. Die Saat geht auf. Aber dann wird alles erstickt.
Einige Körner fallen in gutes Land.
Die Saat keimt. Die Saat geht auf.
Die Halme wachsen. Sie bringen Frucht,
Ähren mit dreißig, Ähren mit sechzig,
Ähren mit hundert Körnern.

Hört zu, sagt Jesus:
So ist das mit Gott:
Was Gott euch sagt, soll auf gutes Land fallen,
es soll Frucht bringen bei euch.
Wer Ohren hat, wer hören kann, der soll hören.

Viele Menschen hören.
Sie verstehen, was Jesus sagen will.

Andere sind wie blind.
Sie sehen nichts. Sie hören nichts.
Sie sagen:
Dieser Jesus, der redet mit unseren Feinden,
mit Heiden, mit Samaritanern,
der redet mit den Ausgestoßenen,
mit Ehebrechern und Steuereintreibern.

Jesus sagt:
Viele von ihnen kennen Gott besser als ihr.

Da sind sie empört: Was redet der da?
Sie werden zornig: So kann das nicht weitergehen!

Die Freunde von Jesus aber sagen:
Du bist wie ein Rabbi, wie ein Lehrer der Schrift.
Du kennst die alten Schriften. Du kannst sie erklären.

Doch Jesus erklärt vieles anders als die Schriftgelehrten.
Die Schriftgelehrten sagen: Du sollst niemanden töten.
Jesus sagt: Wenn du zu deinem Bruder sprichst:
du Feigling, du Dummkopf, dann hast du ihn schon getötet.

Die Schriftgelehrten sagen:
Wenn dich einer schlägt, schlag ihn wieder.
So steht es geschrieben.
Jesus sagt: Schlag ihn nicht wieder! Vergelte nicht Böses mit Bösem!

Die Schriftgelehrten sagen: Ihr sollt euren Freund lieben,
den, der zu eurem Volk gehört,
euren Feind nicht.
Jesus sagt: Helft auch euren Feinden,
die nicht zu eurem Volk gehören,
wenn sie euch brauchen.
Helft auch den Samaritanern.
So will es Gott. Jeder ist euer Nächster.

Viele Menschen sind entsetzt, wenn Jesus so redet:
So hat noch nie einer zu uns gesprochen.
Bei ihm ist alles anders.
Woher hat er das? – Von Gott?

Nur in Nazareth sagen sie: Wer ist er schon!
Er ist doch bloß ein Handwerker, der Sohn der Maria.

Und seine Feinde sagen: Was er da redet, das ist verboten.
Das ist nicht von Gott. Das ist gegen Gott.

Jerusalem heute. Die Omar-Moschee.
Hier stand der Tempel der Juden

Jesus heilt Kranke am Sabbat.
Seine Feinde sagen: Am Sabbat!
Das darfst du nicht!
Das ist verboten im Gesetz!

Jesus sagt:
Was ist wichtiger,
das Gesetz
oder der Mensch?
Ich helfe dem Menschen.
Das ist das Wichtigste!
Seid nicht so starr mit eurem Sabbat!

Seine Feinde werden böse:
Alles bringt er durcheinander.
Alles stößt er um.
Das Gesetz bringt er in Gefahr,
unser heiliges Gottesgesetz.
So geht es nicht weiter mit ihm.

Jesus kommt nach Jerusalem, in die heilige Stadt Gottes.
Seine Freunde kommen mit ihm.
Die Stadt wimmelt von Menschen, Juden aus aller Welt.
Es ist kurz vor dem Passafest.

Jesus will es allen sagen:
Gott ist König auf immer und ewig.
Sein Reich ist mitten unter euch.

Immer wieder sagt Jesus das.
Eine Bewegung geht aus von ihm.
Viele hören.
Viele fragen: Wer ist das?
Seine Freunde sagen:
Es ist Jesus, der Prophet aus Nazareth in Galiläa.

Unruhe ist in der Stadt.
Es kann Aufruhr geben.
Die Römer haben Truppen hergebracht, Soldaten aus Caesarea.
Ihr Befehlshaber ist da, Pontius Pilatus.
Auch Herodes Antipas ist gekommen.

Alle Juden denken dasselbe:
Wie war es damals –
unter der Zwangsherrschaft der Ägypter?
Gott hat uns befreit.

Wie ist es heute –
unter der Zwangsherrschaft der Römer?
Wird Gott uns befreien?

Jesus kommt in den Tempel,
in den großen Vorhof:
Ein unübersehbares Gedränge, Tausende und Abertausende,
Menschen und Tiere durcheinander.
Schafe blöken. Tauben flattern in Käfigen.
Händler schreien. An Wechseltischen wird Geld gewechselt.

Alle kaufen und verkaufen.
Alle denken ans Opfer.
Viele wollen nur Geld verdienen damit.
An Gott denken sie nicht.

Voller Zorn fährt Jesus dazwischen:
Gott will euer Opfer nicht! Gott will, daß ihr betet.
Dies ist ein Haus, wo man betet.

Jesus stößt ihre Tische um. Er treibt sie hinaus.

Dies ist ein Gotteshaus!

Das sehen seine Feinde,
die Herren des Tempels, die Oberpriester.

Sie kommen zusammen mit den Führern des Volkes.
Sie halten Rat: Was sollen wir tun?
Die Menschen laufen ihm nach, diesem Propheten aus Galiläa.
Er hat Macht über sie.
Das kann Aufruhr geben. Das ist gefährlich.
Das werden die Römer nicht zulassen.
Besser einer stirbt als wir alle.

Sie fassen einen Beschluß:
Wir müssen ihn gefangennehmen – heimlich.
Wir müssen ihn beseitigen.

Es geschieht: Jesus wird verhaftet – heimlich.
Tempelsoldaten fassen ihn – bei Nacht.
Einer hat Jesus verraten, einer von seinen Freunden.

Jesus steht vor dem Hohen Rat,
vor den Priestern und Führern des Volkes.
Sie verhören ihn.
Am nächsten Tag lassen sie ihn zu Pilatus bringen, gefesselt.

Pilatus hört die Anklage: Dieser Jesus ist ein Aufrührer.
Er bringt alles in Gefahr, unser Gesetz, uns und euch.

Pilatus schickt Jesus zu Herodes Antipas.
Der schickt ihn wieder zurück. Jesus hat kein Wort gesagt.

Da spricht Pilatus das Urteil: Er soll gekreuzigt werden.

Kreuzigung, das ist die Strafe der Römer
für einen Sklaven, für einen Aufrührer, für einen Verbrecher.

Und wie ein Verbrecher wird Jesus behandelt:
Er wird ausgepeitscht.
Römische Soldaten foltern ihn. Sie treiben ihren Spott mit ihm.

Dann führen sie ihn durch die Straßen hinaus zum Richtplatz.
Jesus muß den Balken selbst tragen, den Querbalken für das Kreuz.

Ein Mann begegnet ihnen, Simon aus Kyrene.
Jesus hat keine Kraft mehr.
Da muß Simon den Balken tragen. Die Soldaten zwingen ihn dazu.

Sie kommen zum Richtplatz draußen vor der Stadt.
Die Soldaten ziehen Jesus nackt aus. Sie werfen ihn auf die Erde.
Sie nageln seine Hände an den Querbalken.
Sie ziehen den Balken hoch am Richtpfahl.

Zwei andere werden mit Jesus gekreuzigt,
zwei Juden, die gegen die Römer gekämpft haben.

Jesus hängt am Kreuz.
Er kann nicht atmen.
Er bekommt keine Luft.
Er erstickt.

Seine Freunde sind nicht da.
Sie sind geflohen
– aus Angst!

Jesus ist tot.

Rollsteingrab aus der Zeit Jesu

Am Abend kommen Juden.
Sie nehmen Jesus vom Kreuz ab.
Sie wickeln ihn in Tücher.
Sie legen ihn in eine Grabkammer,
die aus einem Felsen herausgehauen ist.
Sie verschließen das Grab mit einem Rollstein.

Aber es ist nicht zu Ende. Es geschieht etwas:
Die Freunde von Jesus kommen zurück. Sie haben keine Angst mehr.
Sie fangen an zu reden – mitten in Jerusalem, einfache Menschen:
Petrus und Johannes und der Bruder von Jesus, Jakobus,
und all die anderen. Sie sagen:
Jesus ist auferstanden. Er lebt. Wir haben ihn gesehen.
Nichts ist verloren.
Jesus hat den Menschen geholfen. Das will er weiter tun – durch uns.
Jesus hat den Menschen von Gott erzählt.
Das will er weiter tun – durch uns, seine Freunde.
Es geht weiter mit Jesus.

Überall sagen sie das.
Und wie ein Lauffeuer geht es aus. Viele erzählen es weiter.
Wie ein Funke springt es über von Ort zu Ort,
von Land zu Land und übers Meer.

Ihr seht Jesus nicht, sagen die Boten.
Aber er will zu euch reden – alle Tage – durch uns.
Er will euch helfen – alle Tage – durch uns.
Er will, daß alles anders wird.

Allen soll geholfen werden, allen, die Angst haben, allen Kranken,
allen Armen, allen Hungernden, allen Unterdrückten.
So sagen die Boten.

Und die Menschen horchen auf in der Welt.

Wir haben ihn gesehen, sagen die Boten:
Jesus ist von Gott gekommen. Wir haben es erkannt.
Uns ist ein Licht aufgegangen.
Wir wissen jetzt, wer Jesus ist: Er ist von Gott.
Die Führer unseres Volkes wollten ihn nicht.
Römer haben ihn gekreuzigt.
Wir aber wollen ihn, weil Gott ihn will.
Unsere Feinde sagen: Er ist tot.
Wir aber wissen, daß er lebt.

Die Menschen hören. Sie sind begeistert.
Erzählt mehr, sagen sie, mehr von Jesus aus Nazareth,
der uns Kunde bringt von Gott.

Viele Juden werden seine Freunde
und viele Menschen aus anderen Völkern.
Immer mehr kommen zusammen.
Sie essen miteinander. Sie beten. Sie erzählen von Jesus.
Sie lassen sich taufen – in seinem Namen.
Sie helfen sich untereinander – in seinem Namen.
Sie helfen den Armen, wie Jesus es getan hat.

So ist es bis heute – überall in der Welt:
Menschen kommen zusammen. Sie hören auf die Boten.
Sie denken an Jesus.

Er ist unser Herr, sagen sie.
Er ist lebendig unter uns. Sein Reich ist mitten unter uns.
Er ist der König, der gesalbte König Gottes,
der Messias, der Christus.

Dieses biblische Sachbilderbuch geht neue und, wie wir hoffen, zukunftweisende Wege. Es verzichtet bewußt auf fromm oder märchenhaft anmutende Bebilderungen, um dafür dokumentarische Fotos oder Skizzen zu bieten. Zwischen der Welt des Glaubens und der Welt geschichtlicher Erfahrung wird kein künstlicher Graben aufgerissen. Vielmehr lernen schon unsere Sieben- bis Zehnjährigen Land und Leute Palästinas kennen, sie erfahren etwas von den politischen und gesellschaftlichen Verhältnissen, unter denen Jesus aus Nazareth gewirkt hat.

Dies Buch versucht zu zeigen, wie Jesus als Mensch unter Menschen gelebt hat, was seine Absichten waren und warum wir auch heute noch seinem Wort Glauben schenken dürfen.
So begegnet den Kindern im Reden und Handeln Jesu ein Anspruch, den sie verstehen und mit eigenen Entscheidungen beantworten können: durch Schenken und sich Beschenkenlassen, durch Verzicht auf Rache und Gewalttätigkeit, durch Parteinahme für den Schwächeren, den körperlich und geistig Benachteiligten, durch ein von Freude und Hoffnung erfülltes Leben zum Lobe Gottes.

Die Darstellung des Wirkens Jesu schließt sich im wesentlichen den Evangelien an, ohne Vollständigkeit erstreben zu wollen. Mit anderen wichtigen Themen sollen Kinder in passenderen Zusammenhängen vertraut gemacht werden, zum Beispiel mit der Stiftung des Herrenmahles oder mit den Wundern, von denen die Evangelien erzählen. Wir bitten deshalb die erwachsenen Leser, bei einer Beurteilung des Buches zu bedenken, daß es nur eine erste Hinführung zur Kenntnis Jesu Christi sein will. Es bleibt offen für alle weiteren und tieferen Aussagen jenes Glaubens, um den ein Christ sich sein Leben lang in oft schmerzlichen Lernprozessen mühen muß.

In der Reihe sind bisher als Gemeinschaftsausgabe erschienen:

Schöpfung
Jesus aus Nazareth
Von Gott
Weihnachten mit Lukas
Paulus aus Tarsus
Ostern
Wunder

Die Sachbilderbücher sind als Geschenkausgabe (gebunden) und Schulausgabe (kartoniert) erhältlich.

BILDNACHWEIS:
Umschlagfoto: A. Senfter, Gschnitz;
Seite 2 Schweizerisches Landesmuseum, Zürich;
Seite 9 und 31 A. Senfter, Gschnitz; Seite 10 und 23 H. Michel, Köln;
Seite 19 Israel Colour Slides, Jerusalem; Seite 26 Mosaik aus Ravenna, E. Lessing, laenderpress, Düsseldorf; Kruzifix, Werden, Foto Wolff & Tritschler, Frankfurt; Rembrandt v. Rijn, Ausschnitt aus Hundertguldenblatt (Reichsdruck, Berlin); Georges Rouault, Ecce Homo (Staatsgalerie, Stuttgart) Cosmo-press, Genf; Seite 29 E. Lessing, laenderpress, Düsseldorf;
Seite 35 und 46 M. Wolgensinger, Zürich; Seite 41 D. Rubinger, Jerusalem.

Laut Veröffentlichung im Amtsblatt des Kultusministeriums (S. 685/73) UAI 3230-4 vom 14. 3. 73 für den evangelischen Religionsunterricht in Baden-Württemberg genehmigt.

Theologische Beratung: Franz Josef Schierse; Bildberatung: Hans Eggenberger;
Umschlaggestaltung und Layout: René Villiger; Gesamtherstellung: Ernst Kaufmann, 7630 Lahr
Printed in West Germany
ISBN 3-7806-0224-5 gebundene Ausgabe Kaufmann
ISBN 3-491-00382-2 gebundene Ausgabe Patmos
ISBN 3-7806-0225-3 Schulausgabe Kaufmann
ISBN 3-491-00429-2 Schulausgabe Patmos